CHAMBRE DES NOTAIRES
DE CLERMONT-FERRAND

DES ASSOCIATIONS
ET DES A. D. N.

Sous la loi du 1er Juillet 1901

RAPPORT

présenté à l'Assemblée Générale Ordinaire

de Mai 1914

par M. DETEIX

Ancien Président de la Chambre

CLERMONT-FERRAND
IMPRIMERIE MODERNE, A. DUMONT, DIRECTEUR
15, Rue du Port

1914

CHAMBRE DES NOTAIRES

DE CLERMONT-FERRAND

DES ASSOCIATIONS ET DES A. D. N.

Sous la loi du 1er Juillet 1901

RAPPORT

présenté à l'Assemblée Générale Ordinaire

de Mai 1914

par M. DETEIX

Ancien Président de la Chambre

CLERMONT-FERRAND
IMPRIMERIE MODERNE, A. DUMONT, DIRECTEUR
15, Rue du Port
—
1914

Més chers Collègues,

Dans votre réunion générale ordinaire de Novembre dernier, ne voulant pas statuer de plano sur la création d'une A. D. N. (Association départementale notariale) dans le Puy-de-Dôme, création proposée au cours même de la séance, vous avez nommé une Commission à l'effet de faire une étude et de vous présenter un rapport sur cette question.

Il a été entendu que votre Commission pourrait se mettre en relation, si elle le jugeait à propos, avec le Président de l'Union des A. D. N., que le rapport que vous lui avez demandé serait communiqué à chacun de vous, et qu'une décision serait ensuite prise dans l'Assemblée générale de Mai.

Cette Commission, dont j'ai l'honneur d'être le Rapporteur, s'est réunie à trois reprises différentes :

A). — Dans sa première séance, le 14 janvier dernier, elle a d'abord réglé l'ordre de ses travaux, et a entendu la lecture des rapports faits sur les Associations notariales, au dernier Congrès des Notaires de France, dont les assises ont eu lieu à Rouen, et à la réunion générale des Délégués au Comité des Notaires des départements tenue à Paris, les 21 et 22 Octobre dernier.

Un échange d'observations d'ordre général a suivi, et votre Commission s'est ajournée à un mois, après avoir décidé de convoquer pour sa prochaine réunion M. HEDDE, Président de l'Union des A. D. N. ; M. BOYER, Notaire à Saint-Jean-de-Nay (Hte-Loire), et M. CROIZIER, Notaire à Moulins, membres des A. D. N. de la Haute-Loire et de l'Allier.

B). — Le 14 Février a eu lieu la seconde réunion ; MM. HEDDE, BOYER et CROIZIER, pour différents motifs, n'ont pu répondre à la convocation qui leur avait été adressée.

Depuis la dernière réunion de la Commission, un fait nouveau s'était produit, une Association professionnelle notariale due à l'initiative de quelques-uns de nos Confrères de l'arrondissement de Riom, était en formation dans le département du Puy-de-Dôme.

En présence de ce fait nouveau, votre Commission devrait-elle suspendre ses travaux ou continuer la mission que vous lui aviez confiée.

A l'unanimité de ses membres, il a été décidé que la Commission poursuivrait l'étude dont vous l'aviez chargée.

La discussion s'est ensuite engagée sur les points suivants :

I. — Des Associations sous la loi du 1er Juillet 1901.

II. — But et moyens d'actions des A. D. N.

III. — Rôle du Comité des Notaires des Départements.

IV. — Et enfin opportunité possible pour les membres de notre Compagnie, d'adhérer à l'A. D. N. en formation dans le département du Puy-de-Dôme.

Après une longue et courtoise discussion, votre Commission a voté la proposition dont j'aurai l'honneur, à la fin de mon rapport, de vous présenter le texte et qui se résume ainsi :

« Il n'y a aucun intérêt pour les membres de notre « Compagnie à adhérer à l'Association départementale « en voie de formation dans le Puy-de-Dôme. »

C). — Enfin, le 2 Avril, votre Commission a tenu sa dernière séance au cours de laquelle elle a entendu la lecture du présent rapport et en a approuvé les termes.

En acceptant le travail qu'a bien voulu me confier votre Commission, je n'ai pas la prétention de vous faire une étude juridique sur les A.D.N. Tout n'a-t-il pas été dit sur cette question, et mieux certes que je ne saurais le faire, soit au Congrès, soit à la réunion générale du Comité. Vous connaissez d'ailleurs les grandes lignes de la question qui nous intéresse.

Après avoir fait l'historique des Associations, je vous exposerai le programme et le but des A. D. N. la situation actuelle du Comité des Notaires des départements, le rôle qu'il a rempli depuis sa fondation.

Je diviserai donc mon rapport en trois parties.

La première partie contiendra l'historique sommaire des Associations depuis 1791 jusqu'à la loi du 1er Juillet 1901, avec l'exposé de cette loi.

La deuxième partie le programme et le but que se proposent les A. D. N.

La troisième partie, le rôle rempli par le Comité des Notaires des départements et sa situation à ce jour.

CHAPITRE PREMIER

Historique des Associations

I

La Constituante, en supprimant les maîtrises et lés jurandes, et en prohibant, d'une façon absolue, le droit d'Association, a voulu défendre aux citoyens de certaines professions de s'assembler pour leurs prétendus intérêts communs.

Aux termes de la loi Chapelier (17 Juin 1791), il ne doit plus y avoir de corporation dans l'Etat, il n'y a plus que l'intérêt particulier de chaque individu et l'intérêt général. Il n'est permis à personne d'inspirer aux citoyens un intérêt intermédiaire, de les séparer de la chose publique par un esprit de corporation.

Pendant tout le cours du XIXᵉ siècle, la prohibition a été le principe dominant en matière d'association.

Le Code Pénal n'interdisait-il pas, sauf exception, de constituer des Associations de plus de vingt personnes sans l'agrément du Gouvernement. Si quelquefois l'autorisation était donnée, elle ne conférait jamais à ces Associations la personnalité morale, elle permettait seulement aux associés de se réunir, sans enfreindre les lois pénales, de centraliser des dons manuels et des souscriptions et de les employer, par l'organe d'un bureau, à un objet convenu.

Des protestations très vives accueillirent cette législation et de nombreuses réclamations se produisirent, à différentes époques, mais en vain.

II

Que devenait le Notariat ?

Avant 1789 les Notaires de l'ancien régime formaient dans quelques grandes villes seulement, des Corporations, partout ailleurs ils exerçaient isolément leurs fonctions, et ils avaient des origines et des appellations différentes.

La Constituante après avoir supprimé les offices (vénalité, hérédité), les remplaça par une seule catégorie de Notaires à qui elle donna le titre de « Notaires publics » avec la même origine, nos prédécesseurs deviennent alors des fonctionnaires publics, mais j'ajouterai d'un ordre spécial.

Le Consulat reconnaît la nécessité pour le Notariat d'avoir une organisation corporative et la lui donne par la loi du 25 Ventôse an XI.

L'ordonnance de 1843 a complété cette organisation.

Je n'insiste pas sur ces loi et ordonnance, vous les connaissez.

Le Notariat jouit alors d'un régime de faveur.

III

S'il était créé un traitement de faveur pour le Notariat, le Gouvernement ne faisait rien pour les autres Associations, et à l'exception de quelques corporations spéciales organisées sous le premier Empire, la législation créée par la loi du 17 Juin 1791 fut maintenue et les Associations professionnelles rigoureusement prohibées.

En 1848, à la suite de la Révolution du 24 Février, le Gouvernement provisoire décréta la liberté d'Associations professionnelles. Mais ce régime de faveur dura peu, la liberté d'Associations fut de nouveau supprimée au lendemain du DEUX DÉCEMBRE et les Associations de secours mutuels échappèrent seules aux pénalités édictées contre les Associations non autorisées.

IV

La loi du 21 mars 1884 qui peut se résumer dans ces trois mots « légalité, égalité, liberté », semble mettre fin à cet état de choses, mais il est facile de se rendre compte qu'elle ne s'applique pas aux professions libérales.

Cette loi concerne seulement ceux qui appartiennent,

comme patrons ou comme salariés, à l'industrie, au commerce, à l'agriculture, à l'exclusion de toutes autres personnes et de toutes autres professions.

Les Syndicats professionnels, en effet, ont exclusivement pour objet l'étude et la défense des intérêts économiques industriels, commerciaux et agricoles.

La Cour de Cassation avait ainsi interprété cette loi dans un arrêt de principe, bien connu, du 27 Juin 1885, en décidant que les personnes exerçant une même profession libérale ne pouvaient se syndiquer.

La Jurisprudence s'est toujours prononcée dans ce sens, et je signale à votre attention un jugement tout récent rendu par la 9ᵉ Chambre du Tribunal civil de la Seine, le 6 Février dernier, qui a eu un certain retentissement dans le monde des fonctionnaires et dans le monde syndicaliste (Syndicat des infirmiers et infirmières des Hôpitaux et Hospices du Département de la Seine contre le journal « L'Eclair ».

Le Tribunal a jugé que les employés des hôpitaux ne sont ni industriels, ni commerçants, ni agriculteurs, a déclaré en conséquence leur Syndicat nul, et par suite inexistant, et irrecevable en son action.

La loi de 1884 ne présente donc aucun intérêt pour les professions libérales, et pour le Notariat en particulier, mais elle a donné à son tour un régime de faveur aux Syndicats professionnels qui bénéficièrent jusqu'en 1901 d'une liberté refusée aux autres Associations.

V

Droit commun des Associations

Sous la Loi du 1ᵉʳ Juillet 1901

Si nous ne pouvons nous syndiquer, pouvons-nous profiter de la loi du 1ᵉʳ Juillet 1901 ?

Qu'est-ce qu'une Association ?

C'est la convention par laquelle deux ou plusieurs personnes mettent en commun, d'une façon permanente, leurs connaissances ou leur activité, dans un but autre que celui de partager des bénéfices. Le même contrat en vue de partager des bénéfices s'appelle Société et est régi par les lois de 1867, 1893 et autres.

Avec la loi de 1901 les Associations de personnes se formeront librement, pourvu qu'elles n'aient pas un objet contraire aux lois ou aux bonnes mœurs.

Elles seront de trois sortes : Associations non déclarées — Associations déclarées — Associations reconnues comme établissements d'utilité publique.

A). — *Des Associations non déclarées.*

Ces Associations ne sont pas interdites pourvu qu'elles aient un objet licite. Elles sont soumises aux mêmes causes de nullité ou de dissolution que les Associations déclarées ou reconnues. Elles n'ont pas la personnalité morale, elles ne peuvent pas ester en justice.

B). — *Des Associations déclarées.*

Les Associations qui se soumettent à l'obligation de la déclaration (déclaration d'existence à faire à la Préfecture ou à la Sous-Préfecture de l'arrondissement où l'Association a son siège), ont immédiatement la personnalité morale, elles peuvent ester en justice, acquérir à titre onéreux et conserver les immeubles nécessaires à leur fonctionnement, mais elles ne peuvent acquérir à titre gratuit que les cotisations de leurs membres et les subventions administratives.

Ne pas oublier que lorsque l'Association n'a pas été constituée pour un temps déterminé, tout associé peut se retirer nonobstant toute clause contraire.

C). — *Des Associations reconnues comme établissements d'utilité publique.*

Toute Association peut obtenir une capacité plus large par sa reconnaissance comme établissement d'utilité publique, cette reconnaissance est un acte administratif discrétionnaire et elle résulte d'un décret rendu en la forme de règlement d'administration publique. L'utilité de la reconnaissance consiste surtout dans la capacité qu'acquèrent désormais les Associations de recourir des dons et legs sous l'autorisation préfectorale ou celle de l'Etat, suivant l'importance du don ou legs.

Aucune condition de forme n'entrave la constitution des Associations, mais toute Association est nulle si elle est fondée notamment pour une cause ou en vue d'un objet illicite, sa nullité est constatée par les tribunaux civils à la requête de tout intéressé ou du ministère public, et, en cas de dissolution prononcée, les biens de l'Association sont dévolus conformément aux statuts ou, à défaut, suivant les règles déterminées en Assemblée générale.

En théorie, le droit nouveau des Associations laïques constitue un progrès par l'abrogation de toutes les entraves accumulées alors contre le droit des associés, mais en pratique les avantages de cette partie de la loi de 1901, il faut le reconnaître, sont peu importants.

Depuis quelques années en effet, l'Etat n'utilisait guère les armes qu'il avait en son pouvoir. La franc-maçonnerie elle-même n'a-t-elle pas fonctionné librement depuis 50 ans, et a-t-elle été inquiétée.

La prohibition des Associations de plus de 20 personnes était devenue, vers la fin du XIX° siècle, fort peu gênante, des Associations multiples ont pu se former et vivre au grand jour avec la tolérance ou la permission de l'Administration. Sans doute elles n'avaient ni la personnalité, ni la capacité dont jouissent aujourd'hui les Associations déclarées, mais si nous comparons leur situation de fait à la situation des Associations actuelles, nous constatons que les Associations dénuées de personnalité n'étaient guère plus entravées par leur incapacité théorique que les Associations actuelles par les dispositions restrictives de leur capacité.

Les Associations actuelles peuvent ester en justice. Les anciennes ne pouvaient pas, mais elles n'en souffraient guère, elles en étaient quittes pour former l'assignation au nom de quelques-uns de leurs membres.

Les Associations anciennes ne pouvaient pas être directement propriétaires ni de meubles ni d'immeubles. En fait, leur bureau disposait aussi facilement qu'aujourd'hui des fonds mis en commun et pour les actes importants exigeant la personnalité, on s'en tirait par la constitution d'une Société civile.

Les Associations anciennes ne pouvaient être ni légataires ni donataires, si ce n'est en obtenant du bon vouloir de l'Administration leur reconnaissance comme établissement d'utilité publique.

Les Associations actuelles sont exactement soumises à la même rigueur, je dirai même que la reconnaissance est plus difficile à obtenir, puisqu'elle exige un décret pris en Assemblée générale du Conseil d'Etat, tandis qu'on se contentait jadis d'un décret pris avec l'avis de la section de l'intérieur.

Le résultat le plus clair de la loi de 1901, ainsi que l'a écrit M. BERTHELEMY, l'éminent Professeur de la Faculté de droit de Paris, a consisté dans la création et le développement sous le couvert de cette loi, d'Associations dont la légalité est fort incertaine, c'est-à-dire dans la formation de Syndicats professionnels affranchis des exigences de la législation spéciale à ce genre d'Associations. A l'appui, M. BERTHELEMY cite notamment les Associations amicales d'instituteurs, les Associations des employés de l'enregistrement, qui ne sont en définitive que des Syndicats prohibés abrités par la tolérance administrative sous le couvert de la loi de 1901.

VI

La Cour de Cassation, dans son arrêt du 4 mars 1913, reconnaît à tous les fonctionnaires le droit d'Association, c'est-à-dire le droit de s'associer pour la défense de leurs intérêts de carrière, mais non des intérêts généraux de leur profession.

Nous Notaires, formant une collectivité de fonctionnaires d'une nature spéciale, qui différons sur de nombreux points des fonctionnaires publics (fonctionnaires d'autorité ou de gestion), pouvons-nous profiter de la loi de 1901 pour la défense de nos intérêts généraux ?

L'affirmative n'est pas douteuse, la loi de 1901 ayant rendu aux collectivités le droit de s'occuper de leurs intérêts généraux.

Nous sommes, je le répète, des fonctionnaires d'un ordre spécial, la Jurisprudence nous a toujours considérés comme tels, et la Commission extra-parlementaire, dans sa séance du 22 Juillet dernier, en rejetant le statut des clercs, n'a-t-elle pas déclaré également que les Notaires étaient des fonctionnaires de nature spéciale.

Mais avons-nous des avantages à retirer de la loi de 1901 par la création d'A. D. N., là est toute la question, nous y reviendrons.

J'ai tenu, mes chers Confrères, à vous faire ce parralèle entre les diverses Associations prévues par la loi de 1901 et leur fonctionnement, pour que vous puissiez examiner en connaissance de cause la question qui vous est soumise, et prendre une décision conforme aux intérêts généraux du Notariat.

CHAPITRE II

Des A. D. N.

I

Qu'est-ce qu'une A. D. N ?

C'est un groupement de Notaires d'un même département en vue de la défense des intérêts généraux de leur profession.

La légalité des A. D. N. paraît aujourd'hui indiscutable, il peut exister des A. D. N. non déclarées, déclarées et enfin reconnues d'utilité publique.

Comme je vous l'ai indiqué plus haut, l'A. D. N. non déclarée sera licite aussi bien que l'A. D. N. déclarée, mais elle n'aura pas de personnalité morale.

II

Le but, le programme, l'organisation et les moyens d'actions des A. D. N. peuvent ainsi être résumés et définis :

A). — *But* : Défense des intérêts généraux de la profession par tous les moyens légaux.

B). — *Programme* : L'unité dans la légalité.

C). — *Organisation* : L'Association départementale à la base, l'Union régionale au-dessus, et la Fédération nationale ou l'Union qui constituera un Comité central et qui sera en relations avec les membres des Parlements.

D). — Moyens d'actions : Relation et collaboration avec les pouvoirs publics, relation avec les parlementaires et action sur l'opinion publique.

A). — BUT. — Sur ce point les A. D. N. sont en communauté d'idées avec le Comité des Notaires des départements

En effet, en toute circonstance, le Comité n'a-t-il pas lui aussi défendu avec succès la cause du Notariat, je ne vois pas ce que les A. D. N. pourront faire de plus.

B). — L'UNITÉ DANS LA LÉGALITÉ. — Sur ce point, je crains bien, comme l'a dit spirituellement M. DUPLESSIS, Vice-Président du Comité, que ce ne soit jamais qu'un fort beau rêve.

En effet, l'Association départementale n'étant qu'un groupement d'individualités, provoqué par quelques Notaires d'un même département, il est à craindre que laissées à l'initiative de chacun de nous, plusieurs A. D. N. à tendances différentes, ne se constituent dans un même département. N'en avons-nous pas déjà des exemples dans les départements de l'Ain et de l'Aisne, l'A. D. N. de la Gironde (la Réole).

Qu'arrivera-t-il alors ? Au lieu de donner au Notariat l'unité qui lui est indispensable pour la défense de ses intérêts, la création des A. D. N. sera une cause de division et, par suite, d'amoindrissement de son autorité morale.

Cette pluralité d'Associations à programmes variés constituera, je le répète, un état de choses extrêmement fâcheux, à un moment difficile où l'union seule pourrait nous permettre de faire face aux périls dont nous sommes menacés.

Ce sera le résultat le plus certain des A. D. N. et le plus immédiat.

Je sais bien que le Bureau de l'Union des A. D. N. a décidé dans ses statuts de ne reconnaître seulement comme Association départementale que celle qui comptera la moitié plus un des Notaires en exercice du département, mais le défaut d'investiture n'empêchera pas les autres Associations formées d'exister et de montrer qu'elles existent.

L'A. D. N. exercera une action en quelque sorte parralèle à celle des chambres de discipline du département, sans en avoir toutefois l'autorité.

Quelles sanctions auront les décisions qu'elle prendra ; dans certaines Compagnies elles seront observées, dans d'autres elles ne le seront pas, et alors que se passera-t-il ?

Dépourvues de sanctions légales, les A. D. N. auront-elles l'autorité morale nécessaire pour s'imposer. Pour cela, il leur faudrait une direction puissante, jouissant d'une autorité morale sans conteste pour imprimer aux nombreux groupements départementaux un plan d'ensemble, une unité de vue sur les mesure à prendre et les moyens à employer.

Comment le Bureau de l'Union pourra-t-il imposer une direction unique à des Associations dont la création est laissée à l'initiative de chacun de nous et à programmes variés et différents les uns des autres ?

Au point de vue pratique quel sera, je le répète, le résultat de tous ces groupements disparates ?

La réponse est bien simple, l'union nécessaire ne pouvant se faire entre les A. D. N, elles seront vouées à l'impuissance et se débattront en pleine anarchie.

C). — MOYENS D'ACTION. — L'action sur les parlementaires est, avec les mœurs du jour, un moyen présentant un certain intérêt, mais c'est un moyen délicat à employer, parfois dangereux, et qui demande beaucoup de tact et de prudence. Les promoteurs des A. D. N. recommandent-ils aussi, pour réussir. de ne pas abandonner cette action aux groupements isolés, mais de la réserver uniquement à la Fédération.

Dans l'intéressant rapport qu'il a présenté au Congrès, M. COSTE, Notaire à Bordeaux, définit ainsi qu'il suit le rôle des A. D. N. et leurs moyens d'actions :

« L'Association consciente de sa mission mais sou-
« cieuse de respecter les droits des Chambres de dis-
« cipline, dira ses besoins particuliers, fondra en un
« tout déjà plus harmonieux les aspirations parfois
« trop particularistes des arrondissements, permettra

« aux Notaires des diverses Compagnies du départe-
« ment de se connaître mieux et leur permettra aussi,
« comme on l'a fait avec succès partout où agissent
« des Associations, de faire œuvre utile auprès de
« leurs représentants, avantage d'autant plus pré-
« cieux que les lois en préparation paraissent devoir
« consacrer pour les députés un nouveau mode de
« votation qui aurait probablement pour cadre le cadre
« même des Associations. »

La thèse de notre distingué confrère est très sédui-
sante, en théorie elle est parfaite, mais dans la réalité
elle se heurtera à de nombreux obstacles qu'elle ne
pourra surmonter.

J'ajouterai que la création des A. D. N. n'est pas en-
visagée favorablement en haut lieu, leurs promoteurs
ne s'en cachent pas d'ailleurs et reconnaissent que
leurs relations sont plutôt délicates avec la Chancellerie.

III

Des A. D. N. avec les Chambres de discipline
et les Assemblées générales

A la création des A. D. N. l'on a pu se demander quel
serait leur rôle à côté de celui des Chambres de discipline, des conflits n'étaient-ils pas à redouter ?

Il a été reconnu depuis que des conflits de ce genre
n'étaient pas à craindre.

D'après les partisans des A. D. N., les Chambres
ayant des attributions restreintes aux limites de l'arrondissement et les Associations ne devant s'occuper
que des intérêts généraux du Notariat, il ne saurait y
avoir de conflit possible.

Je crois plutôt que les A. D. N., le voudraient-elles,
ne pourront jamais s'élever contre l'autorité des Chambres de discipline qui elles ont des attributions légales
définies, et dont les décisions sont obligatoires.

Mais il est à craindre que les A. D. N. aient une ten-
dance à s'immiscer dans nos Assemblées générales et à
en restreindre par tous les moyens leurs attributions et

prérogatives, sous le prétexte qu'elles seules, A. D. N., sont la représentation légale du Notariat.

Nos Assemblées générales ayant depuis 1901 le droit indiscutable de s'occuper des intérêts généraux de notre profession et les A. D. N. revendiquant le monopole de ce droit, qu'arrivera-t-il ?

Cette crainte est fondée, car il faudra bien que les A. D. N. dont le programme n'est pas défini exactement, trouvent une occasion de s'occuper et de montrer qu'elles existent.

Le Bureau de l'Union ne met-il pas déjà en garde les A. D. N. contre le danger grave qui résulterait de leur inaction, et n'engage-t-il pas dès maintenant nos Confrères à les consulter sur toutes les questions intéressant la corporation, à leur demander de les discuter et d'en délibérer (Bulletin de l'Union générale des A. D. N., N° 1).

Entre les Chambres de discipline et les A. D. N. pas de conflit, c'est entendu, mais entre les Assemblées générales des Notaires de chaque arrondissement et les A. D. N., il n'en sera pas de même.

Et dans les départements où les A. D. N. ne grouperont pas dans chaque arrondissement la majorité des Notaires, et dans les départements où il existera plusieurs A. D. N., que feront-elles ? Je vous laisse le soin de répondre, vous vous rendrez compte facilement du gâchis qui se produira.

CHAPITRE III

Rôle et fonctionnement du Comité des Notaires des Départements

I

Le Comité des Notaires des départements a été créé en 1840, à une époque difficile, par les Chambres de discipline, sous le nom de « Conférences des Notaires des Départements ». Il fonctionne donc depuis 74 ans.

Son programme vous le connaissez, il est résumé sous

l'article premier de ses statuts « traiter et faire résoudre toutes les questions d'un intérêt général pour le Notariat. »

Son organisation est très simple :

A). — Assemblées générales des délégués de chaque Compagnie.

B). — Un Comité composé des anciens membres du Bureau, Notaires ou anciens Notaires.

C). — Enfin un Bureau du Comité.

En toute circonstance, le Comité n'a-t-il pas toujours rempli sa tâche, ses adversaires eux-mêmes le reconnaissent.

N'avons-nous pas encore présente à la mémoire son intervention lors du projet des patentes, du tarif légal, de la Commission extra-parlementaire du cadastre, et enfin la Commission extra-parlementaire de la réforme du Notariat.

Toutes les fois que les Chambres de discipline ont eu recours au Comité ne s'est-il pas toujours empressé de leur prêter son concours, soit par son appui moral ou financier, soit en leur donnant des consultations très étudiées sur les questions qui lui étaient soumises.

Votre Chambre n'a-t-elle pas eu souvent l'occasion de s'adresser au Comité, nous en avons obtenu chaque fois les renseignements et concours financiers que nous demandions, et nous avons toujours eu à nous féliciter d'avoir suivi ses avis.

Dans cet ordre d'idée, permettez-moi, mes chers Collègues, de rendre hommage au dévouement et à la compétence du Président actuel du Comité. Depuis son entrée en fonctions, M. CHAUVEAU, Notaire à Poitiers, continuant l'œuvre de ses prédécesseurs, a su, au milieu de difficultés de tout genre, maintenir au Comité, cette direction prudente et énergique qui lui a valu l'autorité morale dont il jouit en haut lieu.

Nous pouvons le dire hautement, le Comité a toujours fait œuvre utile pour le Notariat ; en toute circonstance, il s'est montré à la hauteur de la tâche parfois difficile qu'il avait assumée. Cela dure depuis 74 ans, sans un moment de défaillance, c'est le cas de répéter « le passé répond de l'avenir. »

Nous pouvons lui maintenir notre entière confiance, nos intérêts seront bien défendus.

J'ajouterai que le Comité s'est toujours abstenu, et avec raison, de se poser en adversaire politique de tel ou tel parlementaire, connaissant les représailles auxquelles il s'exposerait en cas d'insuccès, il n'en jouit pas moins à la Chancellerie d'une influence qui lui est très enviée par d'autres.

Ses représentants ont toujours été appelés et entendus lors de l'élaboration des projets de loi intéressant le Notariat, et souvent il a été tenu compte de leurs avis.

II

Griefs invoqués contre le Comité. —
Demande de modification du Comité

Que reproche-t-on au Comité ?

A. — Les promoteurs des A. D. N. reprochent au Comité d'avoir, paraît-il, une existence de fait seulement, et non une existence légale, et comme tel d'être exposé à une dissolution si la Chancellerie en décidait ainsi.

B. — Ils lui demandaient de se transformer en Association déclarée, et de se placer sous l'égide de la loi du 1er Juillet 1901.

A. — Avant la loi de 1901, le reproche était peut-être fondé, j'en conviens, les intérêts généraux du Notariat ne pouvaient être défendus, mais depuis la loi du 1er juillet 1901, le Comité fonctionne légalement comme « Association non déclarée » et nous pouvons nous occuper de la défense de nos intérêts généraux.

Le Comité tel qu'il fonctionne actuellement est exposé aux mêmes cas de dissolution que s'il avait fait la déclaration prévue par la loi du 1er Juillet 1901.

Vous avez vu, mes chers Confrères, dans l'exposé que je vous ai fait de la loi de 1901, que l'Association non déclarée si elle n'a pas la capacité juridique n'en est pas moins licite, et est soumise aux mêmes cas de dissolution que l'Association déclarée, dissolution qui ne peut être prononcée que par les Tribunaux et dans le cas seulement où l'Association serait reconnue contraire à la loi.

Alors pourquoi les promoteurs des A. D. N. disent-ils partout que le Comité n'a pas d'existence légale, et peut être dissous s'il en prenait fantaisie à la Chancellerie ?

Quant à la question de transformation du Comité en « Association déclarée », elle n'est pas neuve.

Avant que les partisans des A. D. N. ne s'en emparent, le Bureau du Comité s'en était déjà préoccupé à deux reprises.

Dans un rapport présenté au Comité, le 24 Janvier 1913, par M. DUPLESSIS, la question avait été étudiée d'une façon très complète.

Le Rapporteur concluait qu'il était légalement et pratiquement possible de transformer le Comité des Notaires des départements en Association déclarée, les avantages qui en résulteraient seraient supérieurs aux légers inconvénients prévus.

Toutefois, M. DUPLESSIS se demandait, avec raison, s'il ne faudrait pas attendre le vote de la loi réglant le statut des fonctionnaires, cette loi qui est prochaine pouvant modifier celle du 1er Juillet 1901.

Le Comité dans sa séance du 4 mars 1913, sur le rapport de M. DUPLESSIS, avait décidé qu'il n'y avait pas lieu, pour le moment, de faire la déclaration prescrite par la loi de 1901, se réservant de la faire en temps opportun et lorsque la possibilité lui en serait démontrée.

Dans son rapport au Congrès, M. COSTE en soutenant que le Comité des Notaires des départements n'a aucune existence légale, allègue la raison suivante : Le Comité se compose de Délégués nommés par les Assemblées Générales de Notaires n'ayant aucune qualité pour nommer ces délégués et leur conférer les pouvoirs nécessaires à l'effet de défendre les intérêts généraux du Notariat.

Cette critique ne paraît pas fondée sous l'empire de la loi de 1901.

L'ordonnance de 1843 dit que dans leurs Assemblées générales les membres des Compagnies de Notaires pourront se concerter sur ce qui intéressera l'exercice de leurs fonctions.

La loi du 1er Juillet 1901 n'a-t-elle pas restitué à toutes les collectivités le droit de s'occuper de leurs intérêts généraux. Alors réunis en Assemblée générale nous avons depuis 1901 ce droit, et par suite celui de désigner un délégué au Comité chargé de la défense de nos intérêts généraux.

Le Comité composé de délégués nommés en Assemblées générales existe légalement comme « Association non déclarée. »

Les délégués au Comité sont élus par les Assemblées Générales dans la plupart des arrondissements ; dans les rares arrondissements où ils sont nommés par la Chambre, il est bien facile de modifier ce mode de désignation et de les faire élire par tous les Notaires de l'arrondissement.

Avant la loi de 1901, je le reconnais, il n'était peut-être pas très légal pour une Compagnie d'envoyer un délégué à un Comité central chargé de la défense des intérêts généraux de la corporation.

Mais, qui en avait fait l'observation ? Jamais la question n'avait été soulevée par la Chancellerie.

Depuis 1901, je le répète, les choses ont changé, nous avons maintenant dans nos réunions générales le droit incontestable de nous occuper de la défense de nos intérêts généraux, de nommer des Délégués à cet effet, et le Comité a une existence légale, étant composé de délégués nommés légalement par les Notaires de chaque arrondissement.

C'est avec l'apparition des A. D. N. que la question de légalité du Comité avait été mise en discussion.

Mais ce n'est qu'au Congrès de Rouen, en Juin dernier, que la question fut soulevée.

Le dernier jour de ce Congrès, une Commission composée de représentants du Comité des Notaires des départements, du Congrès, et de la Chambre des Notaires de la Seine avait été nommée pour étudier la question des Associations notariales sous la loi de 1901.

Cette Commission, dans sa dernière séance tenue le 22 Septembre 1913, après avoir entendu les rapports de M. COSTE, et de M. MOUNIER, Notaire à Nantes, tendant à la formation d'un organisme corporatif unique, a sollicité des groupements représentés, de bien vouloir étudier s'il convenait ou non, de mettre en harmonie l'organisation corporative actuelle avec la législation de droit commun.

Dans la réunion générale des Délégués du Comité des Notaires des Départements, tenue le 22 Octobre dernier, après une longue discussion, l'ordre du jour suivant a été voté :

« L'Assemblée,

« Considérant que le Comité des Notaires des départements, et le Congrès des Notaires de France ont toujours bien mérité du Notariat ;

« Considérant, d'autre part, que la constitution des Associations départementales amènerait la création de groupements multiples à tendances opposées, différant d'opinion, sur ce qu'il convient de considérer comme étant l'intérêt général du Notariat et sur les moyens à employer pour le défendre ;

« Considérant qu'avec de telles Associations particulières on ne pourrait manquer d'avoir de multiples Fédérations, qui, pour être légales, n'en auraient pas moins le grave défaut de créer des divisions dans le Notariat ;

« Considérant enfin que le Comité des Notaires des départements, sans avoir la capacité juridique, n'en a pas moins une existence légale comme Association non déclarée.

« Emet l'avis :

« Qu'il serait dangereux et contraire à l'intérêt du Notariat de constituer des Associations départementales.

« Et qu'il y a lieu de maintenir au Comité des Notaires des départements son organisation actuelle. »

Quel était l'ordre du jour présenté par les partisans des A. D. N. ?

Les partisans des A. D. N. demandaient que le Comité se place sous le régime de la loi du 1er Juillet 1901, et qu'il soit apporté aux statuts toutes les modifications nécessaires pour s'harmoniser avec les prescriptions de ladite loi, et toutes les additions utiles pour que l'Association déclarée comprenne tous les Notaires de France et devienne la représentation légale de tout le Notariat pour la défense de ses intérêts professionnels.

Le 23 Octobre dernier, les représentants des A. D. N. réunis à Paris, constituaient une « Union » ou Fédération nationale des A. D. N. créées dans certains départements.

Que va faire ce nouvel organe, exercer une action parallèle à celle du Comité ?

L'utilité s'en faisait peu sentir, car je crois avoir établi que le Comité qui réunit à une situation de fait considérable, une existence légale, lui aussi, avait en toute circonstance défendu avec succès nos intérêts généraux.

Le Bureau du Comité avant de soumettre cette question de légalité à la réunion générale des Délégués, avait cru devoir la soumettre à la Chancellerie.

M. le Garde des Sceaux à qui la situation a été exposée, a répondu lui-même dans les termes suivants :

« Le Comité jouit en France depuis sa fondation, « d'une situation qui ne lui a jamais été contestée et « qui lui a été au contraire toujours reconnue.

« Dans le doute qui peut exister sur la légalité de sa « transformation, pourquoi ne resterait-il pas ce qu'il « est. »

Ces paroles, mes chers Confrères, se passent de commentaire, je vous demande de vouloir bien les retenir.

La légalité de la transformation du Comité, en Association déclarée, ne fait plus de doute aujourd'hui, mais cette transformation présente-t-elle pour le Notariat un intérêt quelconque ?

Le Comité comme « Association non déclarée » a en effet la liberté de faire et agir comme il veut, sans être astreint à aucune formalité.

On voudrait le placer sous l'astreinte de la loi et pourquoi faire ?

Admettez pour un instant que le Comité se place sous l'égide de la loi de 1901 et devienne « Association déclarée », qu'y gagnera-t-il ?

Cette situation incontestée, ainsi que l'a déclaré M. le Garde des Sceaux, en sera-t-elle augmentée, je ne le crois pas.

Le Comité comme « Association déclarée » aura-t-il plus d'autorité, certainement non, car le jour où il voudra parler en maître, il ne sera plus écouté.

A quoi bon alors faire la déclaration d'existence prévue par la loi de 1901 ?

Revenons à la question de légalité du Comité tel qu'il existe actuellement.

Au mois de Janvier dernier, le Comité a cru devoir soumettre la question de son existence légale à trois jurisconsultes, MM. BONNET, Avocat à la Cour de Cassation ; CHAVEGRAIN, Professeur à la Faculté de droit de Paris, et HOUPIN, du Journal des Sociétés, qui ont estimé dans une consultation fortement motivée, que le Comité existait *légalement* comme Association non déclarée depuis la loi du 1er Juillet 1901.

Pour se transformer en Association déclarée, ou continuer d'exister légalement comme Association non déclarée, quelques modifications de pure forme à apporter à sa constitution, par exemple, comme je vous le disais plus haut, élection des Délégués par les Assemblées générales, et sur le mode de recrutement des membres du Comité, où les Notaires en exercice devront être en majorité.

Je crois qu'il est difficile de discuter l'autorité qui s'attache aux noms des trois jurisconsultes que je viens de vous nommer, la question de l'égalité du Comité comme Association non déclarée ne peut plus être mise en discussion, c'est un fait acquis.

En résumé, je le répète, que peut bien gagner le Notariat à créer des A. D. N. et à demander au Comité de se constituer en Association déclarée.

Devons-nous créer une division dans le Notariat au

moment où plus que jamais l'union la plus complète devrait exister. Car il est bien permis de supposer que le mouvement ne sera pas général, et que bon nombre de Compagnies se maintiendront dans le statu quo et résisteront aux nouveaux groupements.

Pourquoi cette campagne active menée sans motif sérieux par les promoteurs des A. D. N. contre le Comité et sa prétendue illégalité ?

Les partisans des A. D. N. qui comptent dans leur rang des Notaires fort intelligents et non des moindres, se sont parfaitement rendus compte, dès le début, de l'impression la plus nette qui se dégage du mouvement qu'ils essaient de créer.

Aussi protestent-ils en toute occasion et énergiquement, contre toute idée d'ambition de leur part, et se défendent-ils de vouloir tout renverser pour créer de nouveaux organismes. Ils veulent seulement disent-ils, la transformation de l'organisation actuelle dans un sens plus légal qui donnera à leurs décisions et à leur action une force plus grande.

Je vous l'ai déjà dit, cette légalité dont les A. D. N. se targuent à tout instant, dont elles n'ont pas le monopole, mais qui est peut-être leur seul titre sérieux pour le moment, n'augmenterait pas l'autorité morale du Comité.

Ne l'a-t-il pas d'ailleurs actuellement cette légalité comme Association non déclarée, et c'est ce qu'il ne faut pas perdre de vue.

N'oublions pas, mes chers Confrères, comme le dit M. DUPLESSIS, que quelle que soit la légalité de sa constitution, aucun groupement notarial n'aura jamais qualité pour présenter des injonctions à la Chancellerie ni au Parlement. Tout son crédit résidera dans sa valeur morale, dans la considération dont il aura su s'entourer, et c'est là seulement qu'il puisera son pouvoir et son influence.

C'est le résultat auquel est arrivé le Comité. Cette situation qui lui est reconnue, même par ses adversaires, pourquoi risquer avec les A. D. N. de la détruire, ne serait-ce pas folie de notre part.

III

Vous avez à prendre, mes chers Collègues, une décision grave, et dont les conséquences peuvent avoir une répercussion profonde sur les destinées du Notariat.

Devons-nous adhérer à l'A. D. N. en voie de formation dans le Puy-de-Dôme ?

Résumons, si vous le voulez bien, la question en quelques mots :

A). — Avec le Comité nous avons un organisme qui a fait ses preuves en toutes circonstances, qui nous a rendu de nombreux services, qui peut en rendre encore par la situation qu'il a su se créer, et par la grande considération dont il jouit auprès des pouvoirs publics.

Cet organisme, quoiqu'on ait pu dire, est légal, la haute compétence des jurisconsultes qui ont affirmé sa légalité, fait autorité.

De plus, le Bureau du Comité n'a-t-il pas déclaré à diverses reprises que le jour où il en verrait l'utilité, il ferait la déclaration prescrite pour avoir la personnalité morale, c'est-à-dire se transformer en Association déclarée.

Que pouvons-nous désirer de plus ?

B). — Avec les A. D. N. nous avons l'inconnu, je n'hésite pas à vous le dire.

En présence de cet inconnu, j'estime qu'il est préférable d'être traité de traditionaliste plutôt que d'aller tête baissée de l'avant dans une aventure qui peut mal finir.

Que feront en effet ces Associations à programmes variés, dont plusieurs appartiendront souvent au même département ? Leur existence légale leur donnera-t-elle l'autorité morale qui leur sera nécssaire. Il est permis d'en douter.

Le résultat ce sera l'anarchie, je ne crains pas de l'affirmer. D'autres plus autorisés l'ont déjà dit.

Enfin, j'insiste sur ce point, le danger le plus grand des A. D. N. résidera dans leurs moyens d'action « Relations avec les Parlementaires. »

Les promoteurs des A. D. N. comptent beaucoup sur

ce genre de moyens d'action pour arriver à la réalisation de leur rêve. D'après eux, les nouveaux groupements départementaux pourraient exercer sur nos Représentants une influence décisive.

C'est possible, mais en échange que promettront les A. D. N. ?

Je vous ai indiqué plus haut les conséquences qui pourront résulter de l'emploi de ces moyens d'action. Combien, en effet, sera-t-il dangereux pour le Notariat de faire partie liée avec tel ou tel candidat politique. En cas d'échec, a-t-on pensé aux représailles qui ne manqueront pas de se produire.

Toutes ces condidérations ne doivent-elles pas nous faire réfléchir, et ne devons-nous pas nous demander si réellement notre intérêt est d'adhérer à un mouvement qui sera, je le crois éphémère, mais qui n'en aura pas moins apporté des germes de trouble et de division parmi nous.

Je ne veux pas terminer sans rendre hommage au talent de nos Confrères qui croyant voir dans les A. D. N. le salut du Notariat, ont plaidé en leur faveur avec un réel accent de persuasion.

Si nous ne partageons pas les idées de MM. COSTE et MOUNIER, les Apôtres des A. D. N., et celles de notre sympathique doyen, M. HUGUET, nous ne devons pas moins reconnaître combien ils ont su tous présenter sous des aspects séduisants une cause plutôt difficile.

IV

Proposition d'ordre du jour

Votre Commission vous propose de voter la résolution suivante :

« Les Notaires de l'arrondissement de Clermont-Fer-
« rand, réunis en Assemblée générale ordinaire, le
«   Mai 1914 ;

« Considérant que le Comité des Notaires des dépar-

« tements a une existence légale comme Association
« non déclarée,

« Que ce Comité jouit de plus d'une situation qui
« ne lui a jamais été contestée, et qui lui a été au
« contraire toujours reconnue,

« Que ce Comité a toujours, en toute circonstance,
« défendu avec avantage les droits et prérogatives du
« Notariat,

« Décident de lui maintenir toute leur confiance et
« déclarent qu'ils n'ont aucun intérêt à adhérer à l'A.
« D. N. actuellement en voie de formation dans le
« Puy-de-Dôme. »

DETEIX.

Le 2 avril 1914.